北国卧龙——耶律楚材

◎ 主编 金开诚

◎ 编著 任传华

吉林出版集团有限责任公司

吉林文史出版社

图书在版编目（CIP）数据

北国卧龙——耶律楚材 / 任传华编著 . 一长春：
吉林出版集团有限责任公司，2011.4（2022.1 重印）
ISBN 978-7-5463-5034-9

Ⅰ.①北… Ⅱ.①任… Ⅲ.①耶律楚材（1190～
1244）－生平事迹 Ⅳ.① K827=47

中国版本图书馆 CIP 数据核字（2011）第 053458 号

北国卧龙——耶律楚材

BEIGUO WOLONG YELVCHUCAI

主编/ 金开诚 编著/任传华
项目负责/崔博华 责任编辑/崔博华 钟 杉
责任校对/钟 杉 装帧设计/柳甬泽 王 惠
出版发行/吉林文史出版社 吉林出版集团有限责任公司
地址/长春市人民大街4646号 邮编/130021
电话/0431-86037503 传真/0431-86037589
印刷/三河市金兆印刷装订有限公司
版次/2011 年 4 月第 1 版 2022 年 1 月第 5 次印刷
开本/650mm×960mm 1/16
印张/9 字数/30千
书号/ ISBN 978-7-5463-5034-9
定价/34.80元

前 言

　　文化是一种社会现象，是人类物质文明和精神文明有机融合的产物；同时又是一种历史现象，是社会的历史沉积。当今世界，随着经济全球化进程的加快，人们也越来越重视本民族的文化。我们只有加强对本民族文化的继承和创新，才能更好地弘扬民族精神，增强民族凝聚力。历史经验告诉我们，任何一个民族要想屹立于世界民族之林，必须具有自尊、自信、自强的民族意识。文化是维系一个民族生存和发展的强大动力。一个民族的存在依赖文化，文化的解体就是一个民族的消亡。

　　随着我国综合国力的日益强大，广大民众对重塑民族自尊心和自豪感的愿望日益迫切。作为民族大家庭中的一员，将源远流长、博大精深的中国文化继承并传播给广大群众，特别是青年一代，是我们出版人义不容辞的责任。

　　本套丛书是由吉林文史出版社和吉林出版集团有限责任公司组织国内知名专家学者编写的一套旨在传播中华五千年优秀传统文化，提高全民文化修养的大型知识读本。该书在深入挖掘和整理中华优秀传统文化成果的同时，结合社会发展，注入了时代精神。书中优美生动的文字、简明通俗的语言、图文并茂的形式，把中国文化中的物态文化、制度文化、行为文化、精神文化等知识要点全面展示给读者。点点滴滴的文化知识仿佛颗颗繁星，组成了灿烂辉煌的中国文化的天穹。

　　希望本书能为弘扬中华五千年优秀传统文化、增强各民族团结、构建社会主义和谐社会尽一份绵薄之力，也坚信我们的中华民族一定能够早日实现伟大复兴！

目录

一、动荡的生活时代

耶律楚材是蒙古汗国的开国名相、著名的政治家和诗人。他的前半生生活在女真人建立的金朝统治之下，后半生则效力于蒙古国。耶律楚材生活的时代，正是中国历史发生巨大动荡的时代。唐灭亡之后，广大汉族聚居的地区开始进入分裂割据的五代十国时期。而在全国其他地方更有契丹、回鹘、吐蕃、南诏等几个少数民族政权与其并存，中国历

史开始进入自魏晋南北朝以来的第二次
大分裂时期。后来在中原地区建立起来
的北宋王朝，在 979 年实现了局部的统
一，结束了五代十国分裂割据的局面，
但全国境内几个民族政权同时并存、互
相对抗的局面并没有从根本上得到改变。

在这一动荡时期，中国北方地区先

后涌现出辽、西夏、金、蒙古—元等四个由契丹族、党项族、女真族、蒙古族建立起来的王朝。它们相继建立，为中国历史的发展作出了巨大的贡献，并最终由蒙古族建立起来的元朝统一了全国，从而结束了自唐末以来中国数百年的分裂割据局面。

辽朝是由中国北方的契丹族建立起来的一个少数民族王朝。唐朝末年，契丹族逐渐发展壮大，在领袖阿保机的领导下，在916年建立起政权——辽朝。到圣宗统治时，辽朝开始进入全盛时期；到道宗统治时期，辽朝开始逐渐衰落。

于 1125 年被女真族建立起来的金朝所灭，其残余势力进入今天的新疆与中亚地区，建立起西辽帝国。辽朝对当时中国各方面的发展作出了贡献，而耶律楚材的远祖即出自辽朝的契丹皇室家族。

金朝是由女真族建立的中国北方地区的封建王朝。女真族是一个古老的民族，主要分布在我国东北的黑龙江与松花江流域，即所谓的白山黑水地区。在辽统治时期，女真族大致可以分为"熟

女真"和"生女真"。后来生女真中的完颜部发展壮大。12世纪初，完颜部首领阿骨打开始起兵反抗辽朝的统治，并于1115年建立政权，国号大金。金朝建立不久，就向辽朝发起强大的攻势。在女真族的打击下，1125年，辽朝灭亡。从此，中国历史上由辽、北宋、西夏转变为金、南宋、西夏等政权对峙的局面。耶律楚材的先人，在辽朝灭亡后，转而成为金朝统治集团中的一员。耶律楚材的前半生是在金朝统治下度过的。

女真族建立的金朝，在相继灭亡辽与北宋后，统治的区域扩展到了黄河流域，受中原汉族先进生产方式的影响，女真社会开始逐渐从奴隶社会向封建社会转变。这期间在政治、经济、文化等方面采取了一系列的改革措施，以完成这一转变。到金世宗、章宗统治时期，金朝在政治、经济、文化诸方面均取得了较大发展，金朝的统治进入了相对繁荣的时期。而繁荣的背后也孕育着危机，随着金朝统治的稳固，统治者歌舞升平，奢侈腐化，腐朽没落。统治内部争权夺利，极大地削弱了统治阶级的地位。同时军队的腐化也非常严重，再加上女真族不断发动对外战争，造成国家财政枯竭。为了使腐朽的王朝正常运转，政府开始大量发行纸币，加重劳动人民的负担，使本来严重的阶级矛盾和民族矛盾更加激化。全国反抗女真族统治的农民起义不断爆发，已经严重威胁到女真的统治。到金章宗末期，金朝由强盛走向

衰落。耶律楚材正是出生在这个大转折时期。

在金朝迅速走向衰落的同时，北方的蒙古族开始强大起来。蒙古族起源于我国东北的额尔古纳河流域，9世纪中叶，蒙古族的先民开始逐渐向漠北即今天的蒙古高原迁徙，并与当地的游牧民不断融合。到12世纪初，蒙古已经发展成众多部落，其中较为有名的部落有乞颜、泰赤兀、弘吉剌、札答兰、兀良哈等。12世纪末，以克鲁伦、鄂嫩、土拉三河发源处为中心的乞颜部在其首领铁木真的领导下开始强大起来。铁木真经过多年的征服战争，统一了蒙古各部落，同时，相继消灭了周边的塔塔儿、克烈、蔑儿乞、乃蛮等强大部落，控制了整个蒙古高原。1206年，铁木真在斡难河（今蒙古鄂嫩河）畔，召开忽里勒台大会，铁木真被推举为成吉思汗，正式建立起蒙古国，随之一系列加强统治的制度建立起来了。蒙古政权建立后，开始继续向外扩张。在1227年灭亡西夏，1234年灭金，1253年消灭大理，并最终在1279年由忽必烈建立起来的元朝消灭南宋，从而再次统一全国，结束了中国数百年的封建割据局面。在领土扩张方面，元朝先后发动了三次大规模的远征，从而在人类历史上建立起一个前所未有的帝国。

蒙古政权初期，正是耶律楚材在金朝被任命为开州知事（一县之行政长官，同"知县"）时期。1211年蒙古军队开始攻打金朝，揭开了蒙古灭金的序幕。

1215 年金朝的中都被蒙古军队攻破，此时，25 岁的耶律楚材在金朝的中都担任行尚书省左右司员外郎一职。三年后，他应召去漠北朝见成吉思汗。从此，耶律楚材成为蒙古贵族统治集团中的成员。他的后半生与蒙古政权有着密切的联系，他在政治、经济、文化等诸多方面为蒙古的发展作出了贡献，成为蒙古政坛上重要人物之一，也是中国历史上的一代名相。

二、初露锋芒的少年

耶律楚材，北方契丹族人，辽皇族的子孙，出生地在燕京（今北京）西山。复姓耶律，名楚材。金章宗明昌元年（1190年）六月二十日，一个新的生命在尚书右丞耶律履的宰相府中诞生了。他是辽朝开国皇帝耶律阿保机的九世孙，耶律履这年60岁，老来得子，自然非常高兴。在这以前，耶律履虽然已经有了两个孩子，这时都已长大成人，可是其才平平。因而对这个晚年所得的幼子，他寄予很大的期望，常常对家人说："这孩子是我们家的千里驹，将来必定能够成就一番伟大的事业。"耶律楚材出生时，辽国已经被金所灭几十年了，此时金国的统治政权也已经摇摇欲坠。耶律楚材的父亲是一个有预见的人，他就借用《左传》中"楚虽有才，晋时用之"的典故，为儿子取了一个寓意深远的名字——楚材，字晋卿。这个名字，寄托了父亲的

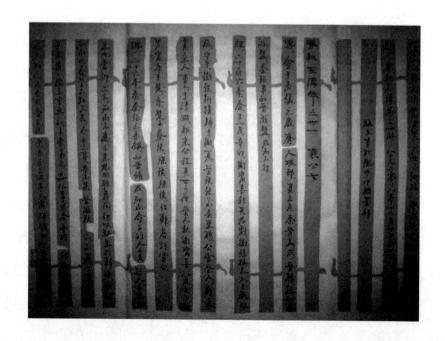

美好愿望。即使金国灭亡了，也希望儿子能通过其他途径成就一番事业。果然，耶律楚材这个金国的人才最后成了蒙古国的著名丞相。

耶律楚材三岁时，父亲便去世了。其父为官清廉，又乐善好施，没有攒下殷实的家产。母亲杨氏是当时名士杨昙之女，出身于书香门第，自幼读书，很有文才，有较高的文化修养。她遵从丈夫希望楚材学有所成、光宗耀祖的遗愿，带着他从上都（今北京）回到老家东丹（今

辽宁北镇一带）。在医巫闾山的桃花洞南部的悬崖上修了两间小屋，教儿子刻苦读书。母亲把全部心血和希望放在孩子身上，母亲曾经做诗言志："挑灯教子哦新句，冷淡生涯乐有余。"在那里，母亲耐心细致地教，而耶律楚材非常刻苦用功地学，母子俩虽穷苦但也其乐融融。正是在母亲的精心抚养和教育下，短短几年，他学到了很多知识和做人的道理。他秉承家族传统，学习汉文典籍，精通

汉文，博览群书，旁通天文、地理、律
历、医卜及释道之学，还写得一手好诗。
金章宗泰和六年（1206年），耶律楚材
17岁，根据他学习的情况已经可以出仕了。
按照大金国的制度规定，宰相之子可以
赐补省掾（在朝廷各部门管理文书、处
理日常事务的官吏），耶律楚材的两个兄
长都是这么做官的。可是耶律楚材却不

要这个特权，希望参加正规的进士科考试。金章宗认为旧的制度不应轻易更改，特别下了一道敕令要当面对他考试，亲自过问了几件疑难案件的处理过程，同时参加考试的十七个人中，耶律楚材答得最好，便被正式任命为某个政府部门的掾官，协助长官掌管文书，处理日常行政事务。后来又被正式任命为开州（今

四川开县）知事（一县之行政长官，同"知县"）。25 岁那年，耶律楚材就任金国丞相完颜晖手下的左右司员外郎。

三、表现不俗的世俗弟子

耶律楚材的前半生，生活在女真人建立的金朝统治下。金朝的儒学，直接承继辽与北宋。在其统治期间，为了加强对北方广大汉族地区的统治，积极提倡学习与吸收汉民族的先进文化，兴孔教、尊儒学，兴办学校，培养人才，并兼采辽宋制度，通过科举考试等途径招揽儒士，从而使金朝儒学在短时间内迅速发展起来。从幼年时候起，耶律楚材就深受儒家思想的影响，长大后非常自负，自命为国家的栋梁之材。他强烈地追求功名，希望按照儒家的学说来治理天下。然而，他刚刚走上仕途不久，就经历了历史大变动的时期。于是，他对人生道路进行了重新选择。

1215 年 5 月，燕京城被蒙古兵攻破。这对耶律楚材的打击很大，他所追求的理想无法实现，他对军国政事完全心灰意冷，心中茫然。在这种情况下，他转而去探求佛祖的真谛了。

　　辽金时期佛教盛行，燕京也是佛教的中心。四处耸立的佛寺和道行高深的高僧，对青年耶律楚材很有吸引力。在中都被围以前，他已经表现出对佛教的兴趣。当时，禅宗曹洞宗在燕京的势力很大。在那些"禅伯"之中，有一位圣安澄公和尚，特别受尊重。耶律楚材以前读古时高僧的语录，有了心得就去叩问，有时候也得到这位高僧的点拨。中都陷落以后，有一次楚材又向澄公谈起这些心得，澄公说："我已经老了，不能教你了。有个万松老人，儒释兼通，造诣精深，解说佛法，贯通无碍。你去拜访他吧。"

　　澄公和尚说的万松老人，即万松行秀禅师，自称万松野老。金代河内（今河南沁阳）人。出家于荆州，是金元间的佛教大师（属佛教支派曹洞宗），同时深通儒家经典。著作有《从容录》《请益后录》《万寿语录》等。相传，他的道行极高，在金末备受朝廷的尊崇，地位十分显赫。金章宗曾几次诏他到内廷讲法，王公贵戚都虔诚地向他跪拜，施舍珍品、

金银。耶律楚材很早就对万松老人十分敬仰，听说过好多有关他的逸事。有一次金章宗向报恩寺赐钱二百万，派遣使者送去。使者到了，万松老人率领众僧出来迎接，使者要他跪拜。万松老人冷下脸，说："阿弥陀佛！出家人并无此礼。"使者说："那我可就回去了。"万松老人说："你来传旨，老衲不敢不听；但若你不传旨，请便。恕不远送。"最后，使者不得不让万松老人站着听敕。这件事当时流传得很广，耶律楚材听说了这件事，对万松老人很是钦佩。

在澄公和尚的指引下，耶律楚材到报恩寺去拜见了万松老人，诚恳地表示要学佛法。经过一番谈话，万松老人让他做了自己唯一的及门世俗弟子（即居士），法号"从源"，自号"湛然居士"。耶律楚材从此在万松门下，开始钻研佛经禅学。正如他在自己的诗文著作《湛然居士集》中所写到的"杜绝人迹，屏

斥家务”，无论严寒酷暑都从不间断。这样夜以继日，废寝忘食，学习三年，终于领悟了禅宗的要领。他从万松那里受了“显诀”（决，指成佛之道），彻底懂得了“忘死生外，身世毁誉不能动，哀乐不能入”的道理。经过参禅生活的学习，他对尘世间的许多事务有了新的认识，显得超脱许多，但并没有逃避现实。在投靠蒙古政权后，他即以“天下匠”自居，幻想通过施展自己的才华，将受战乱之苦的广大劳动人民从困境中解放出来。

万松老人对耶律楚材的思想影响确实是巨大的。他一方面让耶律楚材领悟禅机，认识到佛法最为博大，最终一切都会归结为佛的旨意；另一方面却使耶律楚材保存了入世的念头。而若想入世，则必须实行儒家的学说，救国于危难，救民于水火。他要求耶律楚材以佛治心，以儒治国。耶律楚材遵照这一要求做下去，终于在乱世之中建立了特殊的治国

功业。

在跟随万松老人苦参禅法三年以后，耶律楚材的思想成熟了。在他的思想中，有了"大道"的概念。他把这"大道"同佛法联系起来，认为它是宇宙的本相、人生的真谛、历史的镜子、光明的泉源。楚材把这"大道"比作海、镜、钟、烛，启发人们去领悟它。这个大道显然是唯心主义的，但楚材在说明它的时候，似乎有一些思想的火花在熠熠闪光。但同时，像万松老人一样，他又是一个三教同源论者。他认为，孔子、老子和释迦牟尼是三位圣人，"三圣人教皆有益于世者"（《西游录》）。在他看来，儒、道、佛三教中都有异端邪说，那是由于世上

的人多好异求难；而蒙古国的崇尚宽仁，
也促成了伪妄言行的滋长与泛滥。他要
批判伪言邪说。

耶律楚材的处世哲学，既有中国传
统儒学思想，又融入了佛教的成分，是
在二者相互影响下产生的。他本是儒教
的信奉者，在他把佛法认作真理之源以
后，也仍然十分重视孔教的价值和意义，
他认为孔子的说教仍是人世间的"常道"。
他始终奉行孔子的教导：用之则行，舍

之则藏，进退存亡，不失其正。这也就是他心目中的圣人处世行事的态度。而且他还对此作了进一步的阐发："否则卷而怀之，以简易之道治一心；达则扩而充之，以仁义之道治四海；实古今之通谊也。"

耶律楚材的思想行为往往充满矛盾。一方面他总想入世，积极参与当时的社会政治生活；另一方面他又觉得世上本来并无真正的是与非，一切都空幻如梦。他注重学习历史，并写过怀古的长诗，但用意也有两个方面："使世人知成败之可鉴，出世（脱离世间束缚）之人识兴废之不常也。"他实际上在用自己的功业参与历史的发展进程，但同时对于历史上的兴亡胜负，却看得十分淡漠。他写过这样的诗句："历代兴亡数张纸，千年胜负一盘棋，因而识破人间梦，始信空门一著奇。"纵观楚材的生平，我们可以看到，他在思想上一切以佛祖为皈依，但在行

动上又往往遵循儒家的济世安民之道。耶律楚材的"治国"与"治心"实际上是在出世与入世方面，把佛教与儒学二者很好地联系起来。此外，耶律楚材的思想还有一大特色：他是一个汉化的契丹皇族后裔，崇尚汉文化，但却没有汉族士大夫狭隘的民族情绪和偏见，往往是站在第三者的立场去衡量历史上民族关系的是非功过。他没有汉族士大夫的华

夷之分和华夷之防，相反，他的政治理想是华夷一统，共享太平。现在，蒙古兴盛起来，金朝衰落下去，他的政治理想只能依靠新兴的蒙古国的实力，才有可能实现。既然这样，如果时势的发展给了他个人入世治世的机会，他就决心顺应形势的变化，去实现自己的理想。

耶律楚材以佛教思想宽厚待人。完颜家族的后代行刺耶律楚材，耶律楚材缓缓说道："完颜姑娘，你已行刺过我三次。我身为大蒙古国宰相，灭了你大金国，害你父母。可是你知我的祖先却又是为何人所灭呢？"完颜萍微微摇头，道："我不知道。"耶律楚材道："我祖先是大辽国的皇族，大辽国是给你金国灭了的。我大辽国耶律氏的子孙，被你完颜氏杀戮得没剩下几个。我少时立志复仇，这才辅佐蒙古大汗灭你金国。唉，冤冤相报，何年何月方能了啊？"说到最后这两句话时，他抬头望着窗外，想到只为了几家人的帝王之争，满城民居尽成废墟，万里之间尸积为山，血流成河……不禁愁上心头。

四、成吉思汗时期的经历

（一）漠北觐见成吉思汗

通过二十多年的征战，铁木真消灭
了塔塔儿部、克烈部、乃蛮部等蒙古草
原上几个主要的部落后，其余的部落纷
纷前来归顺铁木真。1205 年，铁木真统
一了蒙古。1206 年春天，铁木真在蒙古
人的诞生地——斡难河的源头召开了蒙
古草原上所有贵族和那颜们的一次重要

的"忽里勒台",也就是盛大的聚会,铁木真被推举为"成吉思汗",正式建立大蒙古国。"成吉思汗"是什么意思呢?有人说"成吉思"是大海的意思,"成吉思汗"就是拥有大海的可汗,代表非常强大的力量;也有人说"成吉思汗"的意思是"长生天派来的可汗"。蒙古人崇拜的神是"长生天",长生天是萨满教对"天"的称呼。最初,蒙古人信奉的宗教是"萨

满教"，萨满教是一种原始的宗教，萨满教也有自己的"神职人员"——萨满巫师。这些巫师都能作法，所以蒙古人打仗的时候都带着巫师。蒙古人生病的时候，也会请萨满巫师作法。要成为一个萨满巫师并不是一件容易的事情。萨满教把世界分成"三界"：上界是神仙居住地"天界"；中界是人类居住地"人界"；而下界就是妖魔鬼怪的居住地"阴界"。长生天是世界上的最高神明，他主宰着世间万物。蒙古人都崇拜"长生天"，就连成吉思汗也不例外，对"长生天"充满了敬畏，并且祈求"长生天"的护佑。

传说铁木真被推选为"可汗"后，他的手下为表达对他的爱戴，用奇珍异宝建造了一座蒙古包式的宫殿。有一天，一只无比奇异、美丽的鸟儿飞到了宫殿里，并在宫殿东南角的一块巨石上停了下来，全国谁也没有见过如此美丽的小鸟，人们都相信它是"长生天"派来的使者，将给蒙古带来好运，是吉祥之鸟。这只鸟一连三天都飞来停在宫殿的巨石上，并发出三声清脆而动听的叫声。它的叫声很像是"成吉思、成吉思"，于是，人们就称呼他们的新可汗为"成吉思汗"，因为人们相信这是上天的旨意，有着吉

祥的含义。

成吉思汗并没有满足于蒙古国的建立，他开始凭借武力向外扩张，又把目光转向中原。成吉思汗出于消灭金朝的战略考虑，十分注意利用金国内部的矛盾，尤其是女真统治者与契丹人之间的矛盾。金在消灭辽国以后，对契丹人采取既钳制又笼络的政策，对归顺的契丹贵族存有戒心，不能充分信任。契丹人中也始终存在对金朝的仇恨情绪，不甘心长久处于女真贵族的统治之下。成吉思汗看到了这一点，就竭力争取金朝的契丹势力倒向自己一边，来实现消灭金朝的目的。1215年，蒙古军队攻下金国的中都（现在的北京城）以后，成吉思汗继续访求辽宗室近族。尽管耶律楚材年纪轻轻，但他博学多才的美名早已传出去了。成吉思汗得知身在中都的耶律楚材才华横溢、满腹经纶，就派人去请耶律楚材到漠北大本营见他。耶律楚材通过对金朝、南宋、蒙古汗国三方面的分析，认为只有在蒙古汗国自己能把才能发挥出来。于是，在万松老人的帮助下，三年之后，耶律楚材就去大漠拜见了成吉思汗。

耶律楚材之所以服务于蒙古国，是和当时的形势分不开的。生活在金朝的耶律楚材，从小饱读诗书，把自己远大抱负寄托在金朝身上，以效忠金国、济世泽民为己任。可是腐朽的金朝在蒙古

人的铁蹄下已经江山飘摇，金朝灭亡只是时间早晚的问题，大势已去，无可挽回。面对干戈四起、生灵涂炭的神州大地，他决定以自己的才华辅助成吉思汗，拯救水深火热中的人民。耶律楚材被成吉思汗征召，还有一个原因是——信仰原始萨满宗教的成吉思汗在当时急需找一些为他占卜的术士，而耶律楚材正好是这方面的专家。

1218 年三月份，耶律楚材从北京出发，向北穿越北京背面的重要关隘居庸关，经武川（今河北宣德）、云中（今山西大同之西），而后翻越天山（今大青山），经净州（今内蒙古四子王旗西北净州古城）、沙井（今内蒙古达尔罕茂明安旗东

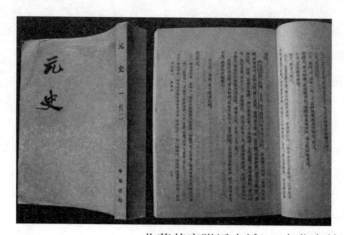

北萨其庙附近古城），向北穿越沙漠，历经艰苦跋涉，过了三个月，耶律楚材终于到达了漠北成吉思汗的大本营。这时正是夏天，他看到美丽的草原、气势磅礴的山河、一望无际的蓝天绿草，与众多的牛羊、庞大的军营、善战的骑兵，构成了一幅美丽的画面。

成吉思汗立即召见耶律楚材，发现他身材高大，美髯当胸，声如洪钟，仪表非凡。据元史籍《元文类》记载，成吉思汗见到耶律楚材后，朗声说："你们家族是辽朝的皇族。尽管你做过金朝的官，但我知道金与辽有世代冤仇，我要灭金为你报仇！"耶律楚材理应要代表

自己的世代家族向成吉思汗谢恩，但是
耶律楚材的回答让成吉思汗大吃一惊。
他说："我父辈服侍金国，我既为金国臣
下，就不会再记前仇了。"这话听起来好
像在反驳成吉思汗，而且公然表明了对
成吉思汗的敌人金朝君主的正面态度，
可成吉思汗听后却非常感动。他认为耶
律楚材是个忠诚、明理、可信任的人，
十分欣赏他，就把他留了下来，让他在
自己身边办事。成吉思汗不像对其他人
那样直呼耶律楚材的名字，而是亲切地
叫他"吾图撒合里"。"吾图撒合里"就是
蒙古族长胡子的意思。耶律楚材这次是
满怀着济世天下的雄心壮志来见成吉思
汗的。在得到接见后，他兴奋不已，对
成吉思汗产生了莫大的希望，希望协助
成吉思汗完成一统天下的伟业，希望从

此能够施展自己的抱负，以儒家的主张来治理国家。然而，对一个刚刚归顺蒙古国的契丹族儒生来说，想在蒙古统治集团中取得一席之地是很难的。有个叫常八斤的制弓巧匠，所制之弓非常好用，常得到成吉思汗的夸奖。他瞧不起耶律楚材这样的儒士，有一天当着耶律楚材的面对成吉思汗说："国家正在以武力取天下，这个只会读书、写字的人，对打仗一窍不通，有什么用呢？"耶律楚材反对一味崇尚武力，更看不起常八斤这样的匠人，但他并没有生气，只是微笑着说："制造弓箭尚且需要弓匠，治理天下难道可以不用治天下的人吗？"常八斤无言以对。听到耶律楚材的话，成吉思汗很高兴，从此对他更加信任。

（二）随驾西征

蒙古帝国历史上有三次大规模的西

征。耶律楚材跟随成吉思汗踏上西征花剌子模国之路，一去就是十年之久。首次西征源于"讹答剌"惨案。位于蒙古西边的花剌子模曾经是一个强大的国家，它的农业发达，领土西到今天的伊拉克，南到现在的印度。蒙古国建立以后，花剌子模国曾派使者前来祝贺，两国建立了友好的关系。后来成吉思汗决定两国实现通商，两国人民可以互相做生意。之后成吉思汗就派一百四十多人的队伍前往花剌子模国，包括使者、商人，并携带许多商品。经过长途跋涉，1218 年，终于到达了花剌子模讹答剌守城，负责守城的亦难赤看见蒙古商队携带了大量财物，于是起了念，诬蔑商队的成员为间谍。在征得花剌子模国统治者摩诃末的同意后，亦难赤将商队的财物全部没收，除了一名驼夫侥幸逃脱外，其他成员均遭杀害，这就是历史上有名的"讹答剌惨案"。于是，双方关系骤然恶化，一场战争由此爆发。1219年夏六月，成吉思汗西征，耶律楚材奉命随行。虽然花剌子模的国王摩诃末也曾经征服了不少国家，但他的军事才能和成吉思汗相比，差距甚大。由于他的轻敌，没用多久，成吉思汗就攻下了一个又一个城市，花剌子模的军队节节败退。在成吉思汗的鼓动下，花剌子模军队内

部倒戈，花剌子模就这样陷落了，国王
摩诃末带着自己的亲人逃跑，成吉思汗
的军队对他穷追不舍，国王摩诃末逃到
了一座小岛上，最终病死在那里。

　　这就是蒙古人的第一次西征，由成
吉思汗统率，从 1219 年到 1223 年，前
后共用了四年时间，消灭了花剌子模国，
占领了中亚的大片土地。在西征途中，
耶律楚材担任过多种职务，而经常做的
有两件事：一是汉文书记，二是星象占
卜。祭旗那天，暴雪三尺。有人认为这
是不良征兆，耶律楚材为鼓舞士气，便
说："隆冬之气，见于盛夏，恰是打败敌军、

获取胜利的好兆头。"耶律楚材因为能占
卜星象，知书识字，了解天下大事，又精
通医术，得到成吉思汗的信任。1222 年
的八月，西天出现彗星，有人以为成吉思
汗将有不测，耶律楚材赶忙上奏说："此
是金宣宗快要死了的异象。"成吉思汗听
了很高兴，后来果然应验。当然，耶律
楚材绝非有未卜先知之能，比较精准的
预言都来自于他丰富的学识、过人的才
智和对人心的准确把握。此时的科学研
究水平很低，人们对天文、历法、星象

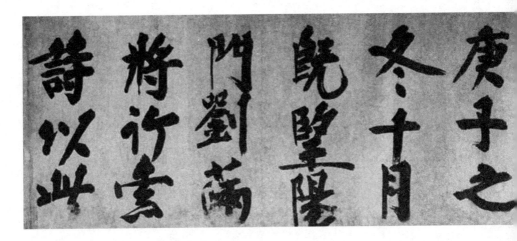

等方面的知识知道得比较少，包括成吉思汗在内的蒙古贵族都非常迷信，每一次出兵前，都要由耶律楚材占卜吉凶。耶律楚材充分利用自己所掌握的天文、历法、星象等知识，帮助成吉思汗增强斗志，坚定胜利的信心。

根据汉文资料记载，有一回，当蒙古铁骑行军到铁门关（今乌兹别克斯坦境内）时，成吉思汗的一个侍卫看到一个鹿形马尾、绿色独角、会说人语的怪兽（可能是犀牛），这只怪兽仿佛对侍卫说了一句："你的君主应当及早回去。"成吉思汗听了侍卫的陈述，感到很诧异，就去问耶律楚材。耶律楚材借机向成吉思汗谏道："此兽是祥瑞之兽，它的名字也叫角端，会说四方语言，性好生恶杀。它今天跑到这里，是上天派它来告诫大汗的——陛下您是天的儿子，天下的人都是您的子民，您应当顺承上天的心意，爱惜和保全老百姓的生命。"成吉思汗采纳了耶律楚材的建议，当天就班师东归。这段记载本身显然带有神话色彩，难以看做确切的史实。但也不完全是无中生有的编造，我们大概可以这样理解：当成吉思汗继续前进遇到困难的时候，曾再一次求助于占卜之类的迷信活动，而

耶律楚材也一次一次地发挥了自己的特殊作用。自然，耶律楚材绝不会满足于充当占卜术士，他应诏北上、跟从西征，是为了说服成吉思汗采纳他以儒治国的方案。但是，总的说来，西域之行并没有改变他的志向。虽然"夙愿未酬"，但最初的志向仍旧不变。

蒙古太祖十八年（1223 年）春天，西征大捷的成吉思汗决定沿着原道班师。这年冬天，大营驻于撒麻耳干。直到蒙古太祖二十年（1225 年）春，他才返抵土冗剌河（今土捡河）老营。耶律楚材由于要在塔剌思城处理善后事宜，没有随成吉思汗大军东返蒙古本土。而在 1225 年冬至，耶律楚材已经到达渤海

军的高昌城（今新疆吉木萨尔境内）。不久，蒙古征服西夏的战争爆发，耶律楚材随蒙古大军进入西夏境内，并在1226年的重午日（即端午）前后，进驻肃州的都善城（今甘肃酒泉）。

西夏位于蒙古的西南面，在现在的宁夏、甘肃一带。西夏为党项族于1038年在中国西北地区建立的政权，它的都城中兴府是今天宁夏的省会银川市。西夏先后与辽、北宋和金、南宋对峙近二百年之久。成吉思汗统一蒙古后，曾于1205年、1207年、1209年三次发动对西夏的进攻，迫使西夏王国向蒙古称臣纳贡。根据双方的约定，1217年成吉思汗向西夏征兵，去攻打花剌子模国。西夏国王不愿损兵折将，断然回绝了成吉思汗。成吉思汗对此一直耿耿于怀。九年后，成吉思汗西征回来，以"西夏不出兵"为由，兵分两路，向西夏大举进攻。

虽然西夏国上上下下进行顽强的抵

抗，但由于两国实力相差太多，1226年
冬十一月，灵州被蒙古攻克。灵州被攻
克后，成吉思汗留下一支军队围攻西夏
都城中兴府，自己则于次年正月率军南
下，攻入金朝境内。1226年六月已被成
吉思汗军队围困的西夏都城中兴府发生
了地震，在内无粮草、外无援兵的情况下，
西夏国王李睍只好派使者向成吉思汗投
降，只求宽限一个月。成吉思汗同意在
七月的时候接受西夏献城投降。就在这
关键时刻，成吉思汗生命垂危。在临死前，
成吉思汗将后事作了安排，一是秘不发
丧，以免西夏国王李睍
闻讯不降；二是
军国发展大计，如何

灭金、灭宋，实现天下统一。1227年七月十二日，"一代天骄"成吉思汗在六盘山的军中去世。享年65岁。根据成吉思汗的遗愿，他被安葬在美丽的鄂尔多斯草原上，五百个怯薛军（近卫军）留下来守护他的陵墓，被称为"达尔扈特人"，他的子孙们世世代代守护着这座陵墓。但是在鄂尔多斯的陵墓里，只有成吉思汗的衣冠，成吉思汗到底葬在哪里，到现在还是一个谜。西夏国王出城投降，被蒙古军所杀。蒙古军队立即冲进城里，上至王公贵族，下到平民百姓，全部被蒙古军杀死。至此，建国一百九十五年的西夏宣告灭亡。

（三）与丘处机的交往

金庸的武侠小说《射雕英雄传》刻画了一位武功高强、心系天下人的道士——丘处机。其实他并非是小说中虚

构的人物，而是确有其人，他就是元代
著名的道士、全真教的掌门——长春子
丘处机。在这次西征西夏的过程中，还
发生了一个重要事件，即全真教道士丘
处机（1148—1227 年）西觐成吉思汗。

由此，耶律楚材得以结识了这位来自中
原的方外之士。全真教，为金朝初年在
中原地区兴起的新道教，对当时中原地
区的政治、经济、文化等均曾产生过深
刻影响。丘处机为全真教创始人王重阳
（1113—1170 年）的七大弟子之一，字通密，
道号长春子，山东登州栖霞县人。在他
担任掌门期间，全真教势力日益发展壮
大，成为北方地区最具社会影响力的宗
教派别。鉴于全真教影响的扩大，当时，
北方的金朝与南方的南宋王朝都曾派人
邀请过丘处机，却被丘处机一一拒绝。
当有人对此提出质疑时，丘处机说："我
之行止天也，非若辈所及知，当有留不
住时去也。"实际上，丘处机正在等待合

适的时机，因为他清楚地看出，此时的
金与南宋都已衰落，不会是他依靠的对
象。1219 年，年过七旬的丘处机在接到
成吉思汗的邀请后，爽快地答应了。当时，
蒙古的势力越来越强大，但丘处机并不
为寻求荣华富贵，而是另有目的。在历
经艰苦的长途跋涉后，丘处机与弟子于
1222 年四月五日到达了成吉思汗在大雪
山（今兴都库什山脉）的营帐，受到成
吉思汗的隆重接待。丘处机受到成吉思
汗的重视，直接得力于成吉思汗的亲信

刘仲禄。刘仲禄是成吉思汗身边的御医，受到他的赏识。据说，他在向成吉思汗推荐丘处机时，原来谎说丘公年纪已达三百岁（其实仅七十多岁），有保养长生的秘术，引起了成吉思汗的特殊兴趣。故而命刘仲禄持手诏，携带"如朕亲行，便宜从事"的金虎符前去征召丘处机。

现在丘处机已经来到行营，成吉思汗当即予以接见。成吉思汗对丘处机不远万里奉诏而来，称赞了一番，接着就问："真人从远方来，有什么能使我长生的药？"丘处机回答："有卫生之道，无长生之药。"成吉思汗听了很失望，但真人的这种诚笃态度仍然赢得了成吉思汗的赞许。成吉思汗问："如何能一统天下？"丘处机说："必在乎不嗜杀人。"又接着问："如何治理天下？"丘处机说："以敬天爱民为本。"再问："如何能延长寿命？"丘处机说："以清心寡欲为要。"成吉思汗经过一番深思，觉得丘处机的话很有

道理，对自己以往的所作所为有了反思。正因为有了这件事，耶律楚材才成功地使成吉思汗结束西征。那么，丘处机不顾72岁高龄，率领18名弟子，跋山涉水数万里，去见成吉思汗，又有什么目的呢？原来，这位真人像耶律楚材一样，都是为了尽可能减少战争给人民带来的痛苦，劝说成吉思汗去暴止杀。他想"以无为之教，化有为之士"，以全真教义劝导成吉思汗不嗜杀人，为老百姓争取太平安生的日子。真人的说教对成吉思汗产生了一些影响。后人评说丘处机有"一言止杀"之功。在行宫中，成吉思汗对丘处机尊礼备至，不唤其姓名，只称呼"神仙"。在西域的日子里，耶律楚材和丘处机来往颇为密切。这两位一个是佛教的居士，正当壮年；一个是道教的真人，年已垂暮。虽然他们属于不同的教派，但此时两人有共同目的，那就是使成吉思汗终止残酷的战争，由武功走向文治，在蒙古国势力范围内，建立起正常的统治秩序和社会生活。虽然两人此时相处得比较融洽，但在某些方面还存在着分歧。1224年（元太祖十九年），丘处机回到燕京，奉旨掌管天下道教，住在天长观（今白云观）。同年，丘处机获得成吉思汗的旨意，释放沦为奴隶的汉人和女真人三万余人。并通过入全真教即可免除差役的方式，解救了无数的百姓。自此，全真教盛极一时，丘处机的声誉亦登峰造极。据说当时寺庙改道观、佛教徒更道教者不计其数。1227年（元太祖二十二年），丘处机病逝于天长观，终年80岁。元世祖时，追封其为"长春演道主教真人"。

成吉思汗时期，耶律楚材在政治上并没有得到重用，在西征期间，他实际上主要是作为一名宫廷占卜者与御用文人在成吉思汗出现。

五、窝阔台时期的建树

（一）辅佐登基和制定法律制度

蒙古人有个习俗，就是一家之主死后，便由最小的儿子继承和管理财产；所以成吉思汗死后，暂时由成吉思汗的幼子拖雷管理国家，历史上称这段时期为拖雷监国时期。但是成吉思汗在世时，已经指定窝阔台为汗位的继承人。尽管窝阔台是第三子，由他来继承汗位并不符合蒙古长子享有优先权和幼子具有受产权的习俗，但成吉思汗还是做出了这样的决定。可是，即使有成吉思汗的决定，等到他死后，汗位继承问题仍很难解决。依照蒙古草原旧俗，大汗必须经过忽里勒台大会，由各地宗王贵族共同选举才能产生。

蒙古太宗元年（1229 年）秋天，筹备已久的忽里勒台大会终于在怯绿连河的曲雕阿兰之地召开。这是一次规模盛大的聚会，该参加的诸王贵族和大臣们都参加了，耶律楚材以占卜者和前任大汗侍从的身份，也参加了这次大会。在大会上，继承问题一直讨论了四十天。讨

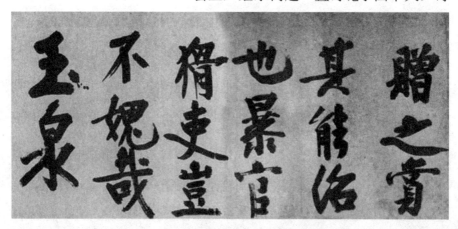

论的详情不得而知，但长时间的讨论，本身就说明会上出现过严重的分歧。到第四十一天，事情才定下来。主要是根据成吉思汗的遗愿，同时占星家和很多珊蛮已经选定了一个"黄道吉日"——八月二十四日。而此时已经到了二十二日，却仍然没有结果。于是，耶律楚材站出来，对大会的关键人物拖雷说："这是关系到国家的大事，如果不早定下来，恐有变故。"拖雷犹豫不决说："再择日如何？"耶律楚材则说："过此日皆不吉。"最后，在拖雷等人的坚持下，窝阔台终于如期登上了大汗宝位。窝阔台，蒙古人多称之为合罕皇帝。显而易见，是作为占星家的耶律楚材促成了窝阔台即位的大事。

在窝阔台即位时，耶律楚材依照中原王朝的传统，制订了册立仪礼。蒙古国里虽然有贵贱尊卑之分，但是从来没有像中原地区封建王朝那样有严格的君臣之别。耶律楚材对察合台说："您虽然是兄长，但是论地位却是臣下，按礼制应该向大汗跪拜。你拜了，就谁也不敢不拜了。"察合台原本就是支持窝阔台的，认为耶律楚材说得有道理。到窝阔台即位那一天，察合台率领皇族及大臣们在帐下行拜礼。退下来的时候，察合台还夸赞耶律楚材礼仪制定得好。蒙元时代对汗的拜礼，就是从这时候开始的。当时，有不少应当参加登基典礼的人迟到了，按照蒙古习惯，是要处死的。耶律楚材又奏请窝阔台，在这个即位的日子里宽恕了他们。参拜礼节的制定，使大汗在蒙古贵族中至高无上的地位得到了确认和巩固，增加了大汗的威严和权力。这是耶律楚材推行自己的主张，按中央集权的方式向蒙古统治者施加影响的第一步。

蒙古国社会制度和政治制度，都是古代蒙古社会的产物。成吉思汗热衷于不断征服，但来不及考虑如何治理国家。

现在，这个问题摆到窝阔台的面前。此时想起父亲对自己说过："耶律楚材是上天送给我们家的礼物，皇天委派他来帮助我们打江山。我死之后，你主持国政，军国大小事务，你都可以放心交付给他去办理。"现在，窝阔台确实需要耶律楚材这样的人才，来辅佐自己治理国家了。

过去，蒙古人治理国家的方法很原始，成吉思汗建立蒙古国后，立即颁布了"大札撒"，大札撒就是大法典的意思，里面收录了成吉思汗颁布的所有命令。在"大札撒"里，成吉思汗对很多问题都进行了"立法"，如规定国家的最高权力集中在可汗一个人身上，如果可汗死了，则要举行忽里勒台推选新的可汗，但是

新的可汗必须是成吉思汗的后代；杀人、盗窃的人都会被处以死刑，为了更好地执行命令，成吉思汗任命他的义弟为总断事官，就是"法官"的意思。成吉思汗时期并没有制定完整的法律，"大札撒"只是一种适用于草原的习惯法。随着蒙古国统治地区的扩大，社会治安、吏制等问题日益严重。成吉思汗生前定下的类似于部落联盟内部规矩的"大札撒"根本不能适应复杂的社会形势。当时州郡长官贪暴肆虐，富豪任意兼并土地，地痞流氓杀人越货的现象十分严重。耶律楚材针对社会现实，依着中原的若干法律原则向窝阔台提出了"便宜十八事"，内容大致为："郡宜置长吏牧民，设万户总军，使势均力敌，以遏止骄横。中原之地，财用所出，宜存恤其民，州县非奉上命，敢擅行科差者罪之。贸易借贷官物者罪之。蒙古、回鹘、河西诸人，种地不纳税者死。监主自盗官物者死。应犯死罪者，具由申奏待报，然后行刑。贡献礼物，为害非轻，深宜禁断。"这些建议，除了贡献之外，大都为窝阔台汗所采纳。耶律楚材提出《便宜十八事》作为临时法律，严

禁地方官吏擅自滥杀老百姓，不准商人财主贪污公物，打击地痞流氓杀人盗窃，禁止地主富豪夺取农民田地，这样，社会秩序渐渐稳定了下来。

窝阔台做可汗的时候，有个贵族向他建议说："汉人对我们大蒙古国没有什么好处，可以把这些汉人清除掉，把汉人的地方变为牧场，那我们就有无边无际的牧场了。"放牧牛羊只能养活很少的人，适合地广人稀的蒙古大草原；而如果把整个中国的田地都改成牧场，那就会有数不尽的人饿死，而且织布的棉花也没了。幸亏耶律楚材及时劝阻，他说："陛下行将南征，要有充足的供给。倘若在中原厘定赋税，每年可以得到税五十万两银子、八万匹绢、四十余万石粮食，这些财物足以供给军需，怎么能说没有好处呢？"窝阔台也问："真的能这样吗？"耶律楚材说："我计算了一下，每户课粟二石，以二十万户记；盐课以每重四百斤，价银十两，酒课按实息十取一，杂税三十取一；以户记出赋调，五户出丝一斤，正好是刚才所说的数字。"窝阔台听到这么大的数目，就采纳了这个建议。建立赋税制度的首要任务，是重新建立一套完善的国家赋税征收机构，耶律楚材于是奏准设立了十路征收课税使，来实现自己的计划。而这十路的正副课税使，他都委派了儒士担任。

这是蒙古统治集团大批任用汉人之始。为了让这些课税使确能掌握征收赋

税的实权，耶律楚材后奏准这些人专掌钱谷之事，各地札鲁忽赤、都元帅、知州等官，皆不得挟制。这些儒士出身的课税使，施展治国的本领，帮助耶律楚材实现征收赋税的计划。窝阔台虽然并不认识耶律楚材所任用的这些人，但仍毫不犹豫地同意了。这是蒙古国实行赋税制度的开始，也是大批任用汉族儒生的开始。

蒙古太宗三年（1231年）春天，汗廷又颁布劝农诏书，使中原各地农村安于农业生产。当时窝阔台已开始大举伐金。秋天，窝阔台来到云中，耶律楚材让十路课税使把赋税簿册和征收到的金

帛给窝阔台展示。窝阔台看到收来了这
么多粮食、布匹还有银子，非常高兴，说：
"耶律楚材真是神人啊！"耶律楚材说：
"这些都是课税使们的功劳。"耶律楚材
的财税征收初步取得了成效，他开始逐
渐得到窝阔台的信任。由于征收赋税这
件事做得比较好，窝阔台突然想起一件
事，对耶律楚材说："前些天你不是提议
设置中书省吗？从现在起，你便是中书
省的中书令！"耶律楚材故作焦急地说：
"我虽然提议仿效南宋设置中书省，但中
书令统驭百官，位高权重，非德才卓越
之人不能胜任啊！"窝阔台说："你不正
是德才卓越的人？"于是窝阔台便下诏
给各地，设立中书省，由耶律楚材任中
书令，相当于南朝的丞相。镇海为中书
右丞相（当时蒙古族尚右），粘合重山为
中书左丞相，辅助中书令办理一应政务。
窝阔台继续说："以后，无论朝廷、地方，
也不论是可卜温还是那颜，课税使也在

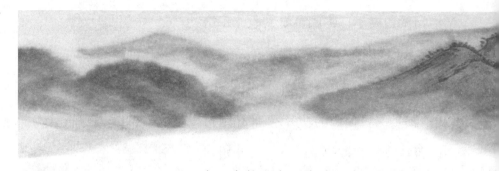

内，有什么事要禀奏，都要以奏折先投中书省，由中书令与右丞相、左丞相商议，区别轻重缓急，轻的放弃，缓的往后延，选紧急的、重要的报于我知。便是我的至亲二阿哈可卜温，有要事见我，也得先禀告中书令，由他引见。"

在丙申分封的同时，在耶律楚材的主持下，蒙古政权的新赋税制度也开始正式确立起来。新赋税制度大致包括以下内容：首先是税粮。在当时共分为两种：即丁税与地税。丁税的交纳者，主要为普通民户。此外，还包括了官吏、商贾。成丁每年征粟二石；驱丁（被俘后服杂役的男丁）每年征粟五升。地税的数额是："上田每亩税三升半，中田三升，下

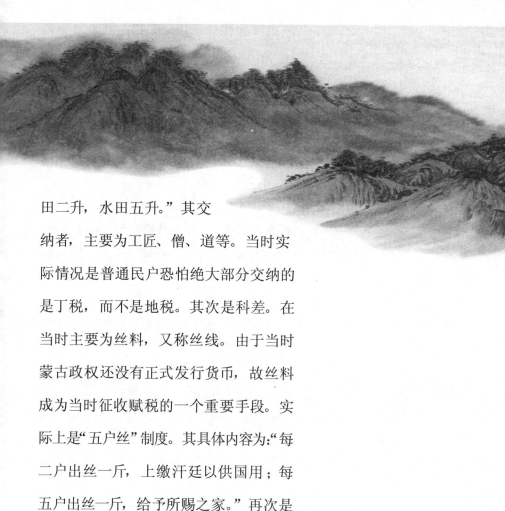

田二升，水田五升。”其交
纳者，主要为工匠、僧、道等。当时实
际情况是普通民户恐怕绝大部分交纳的
是丁税，而不是地税。其次是科差。在
当时主要为丝料，又称丝线。由于当时
蒙古政权还没有正式发行货币，故丝料
成为当时征收赋税的一个重要手段。实
际上是“五户丝”制度。其具体内容为：“每
二户出丝一斤，上缴汗廷以供国用；每
五户出丝一斤，给予所赐之家。”再次是
诸色课程，即商税三十分之一，盐每银
一两四十斤。总的说来，这样的赋税定
额是比较轻的，有利于当时已遭破坏的
中原地区休养生息。新赋税制度虽然确
立了，在戊戌年又曾免除天下赋税，但

蒙古贵族往往在规定之外，随意征索需求，压榨百姓。蒙古太宗八年（1236年），在制定赋税制度的同时，耶律楚材还实施了两项重要的政策。蒙古建国之初，社会秩序紊乱，盗贼很多，商贾常常被盗。蒙古国是保护商贾的，规定凡是商贾失盗的地方，限一年内破获，过了年限，失盗的货物由民户代偿。这样，因失盗而需代偿的货物，前后积累起来，每每以万计数。民户代偿不起，不断发生逃亡。耶律楚材规定，失盗不获的，以官银补偿；原来由民代偿的，也宣布作罢。另一项是制止羊羔息。"斡脱"源于突厥语，蒙元时期，西域商人善于商贾，其与蒙古接触后即代理蒙古人经营商业及银钱放贷，这些人被称之为斡脱，其所经营的货币资被称为斡脱钱。斡脱钱的利率是一年一倍，如果不能偿还，第二年要将利息计入本钱，再取一倍的利息，因而被称为"羊羔利"或"羊羔息"。这是十分严重的高利贷，如果向斡脱贷一两银子，借十年，本利可达一千零二十四两。

由于战乱不停，蒙古国汗廷向各地征收了大量银两和马匹、粮食等等，再加上战乱和自然灾害频繁，百姓拿不出银两，只能以房屋甚至妻子儿女作抵押。州县官员只好向斡脱贷银，上交汗廷，若连年还不上，巨债如山，就出现一些地方官挂印弃官而逃的现象。一位知州还不上债银，为了家人不受牵连，也为了引起汗廷对斡脱钱暴利危害的重视，毅然服毒自杀，并写下了遗书。这件事惊动了朝廷，引起了朝廷的重视。耶律楚材奏请窝阔台下诏，命各路将其所欠斡脱

钱现状查明上报。耶律楚材说："各地债务年年增加，何时是个尽头？最后受害的，将是蒙古国！"在耶律楚材的建议下，1240年，窝阔台汗不得不下诏由国库钱财支付民户和官吏欠下的斡脱钱债，总值达七万六千锭。根据耶律楚材的建议，蒙古国规定：从今以后，不论岁月远近，"子本相谋，更不生息"。也就是说，不管借债多久，利息只能生到债本一倍，到了一倍，便不能再增加。这两项政策，无疑也有利于减轻人民的负担。

（二）削弱地方势力与爱民、纳贤

在蒙古兴起、征伐金国的过程中，

有一大批金国官将和地主武装的首领归附了蒙古，主要是汉人，也有契丹人和女真人。从 13 世纪 20 年代起，他们逐渐成为蒙古政权下新的权贵，形成了专制一方的地方势力。他们作为蒙古国的臣下，对蒙古统治者承担两项基本的义务：出兵从征和缴纳贡赋效忠可汗。在履行义务的前提下，蒙古统治者承认他们称霸一方的权力；他们一旦遇到军事威胁，蒙古国也给以武力保障。这些权贵们的献纳，是蒙古国重要的财政来源。他们的军队后来为蒙古灭金和灭宋，立下了汗马功劳。

然而，权贵独霸一方的状态，从根本上说，是不利于蒙古统治的巩固的。权贵的官职是世袭的，甚至一门数人都担任要职。他们在管辖的范围内，集军、民、财权于一身，既是军事长官，又是行政长官。他们可以自设衙署，任命官员；自定赋税，进行征收。这很像唐代的藩

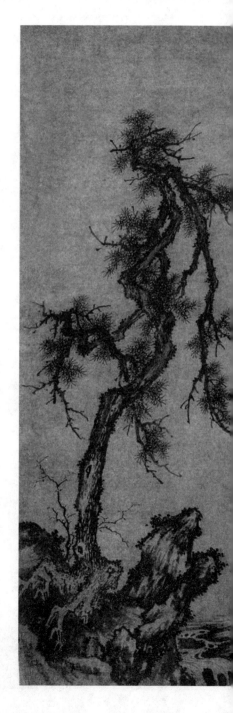

镇。各汉人世侯都拥有一批依附人口，这些依附人口，负担沉重的赋税和劳役，不能随意迁离，身份地位很低。汉人世侯还占有大量驱奴，多到数百上千。汉人世侯形成了一个自治的割据性很强的势力范围。针对这些地方势力，耶律楚材曾多次向窝阔台汗提出过自己的解决方案。比如十路课税所成立后，1230年，耶律楚材奏准"长吏专理民事，万户府总军政，课税所长钱谷，各不相统摄。"耶律楚材的目的，是想让地方的民权、军权、财权三者分开，互不统属，以达到削弱地方势力的目的。原来权贵们各霸一方，

独掌军、民、财权，现在耶律楚材加强
中央集权的这些举措，要这三权都分开，
无疑是触动了权贵们的命根子。权贵们
气愤极了，决心要除掉耶律楚材。由于
权贵们的抵制、反对和攻击，使耶律楚
材削弱他们势力的计划不能顺利实施。
当时基本上做到的只是"课税所掌钱谷"，
而军、民分治的方案，实际上一直没能
得到贯彻执行。当时蒙古仍处在四面征
伐的情况下，所以没有得到很好的实施。
安抚了率领军队的权贵，也就延缓了地
方上军、民分治的实施。一直到忽必烈
继承汗位以后，这件加强中央集权的大

事，才再次提上议事日程，并得以实现。在他死去二十多年以后，元世祖所实行的罢世侯、行迁转法的措施，实际上正是在完成耶律楚材的未竟事业。尽管如此，从这里仍可以看出耶律楚材是一位有远见的政治家。

耶律楚材实施的劝农措施和征收赋税的办法，促使中原地区经济迅速恢复、社会相对安定、财政收入充足，保证窝阔台大汗成功地发动了最后灭亡金国的战争。

蒙古太宗四年（1233 年），窝阔台在南征渡过黄河以前下诏：逃难的人和来投降的人，免死。但有人说：有些人在形势不利的条件下投降了，形势缓和了又逃走，不杀他们，就是帮敌人的忙，不应该宽恕他们。耶律楚材坚决不同意这种说法。他奏请窝阔台，制作了数百面旗子，发给归顺者，让他们手拿旗子为凭证，回归故乡，这样使许多百姓免于屠戮，获生者不计取数。

蒙古国的军队在战场上捷报频传。蒙古太宗五年（1233年）正月，金帝完颜守绪从汴梁出奔归德（今河南商丘南），命元帅崔立继续死守被围困的京城，顽强抵抗。不久，守城元帅崔立向蒙古投降。蒙古的军事传统是这样的：凡是敌人进行抵抗的，取胜以后就以屠杀相报。现在，汴京即将落到蒙古军队手中。围城的蒙古将军速不台，派人向窝阔台报告说："这城对抗那么长久，我们的士兵死伤了许多，应该在占领之后实行大规模的屠城。"耶律楚材听到这个消息，急忙面奏大汗，说："将士们不惜性命，英勇作战了几十年，攻下汴京，图的是什么? 不仅仅是城池、土地, 更重要的是人。如果得了城池、土地, 而没有了人, 那么城池、土地又有什么用呢?"窝阔台一时犹豫不决。楚材接着又说:"汴京乃金朝国都城。金国最好的弓矢、甲仗、金玉等工匠以及官民富贵之家, 都聚集在这座城里了。把他们都杀了, 那我们就一无所得, 白白地打了这一仗!"窝阔台这时候才觉得楚材说得有理, 终于下了一道诏书, 要求速不台等前方将领, 做到"除完颜氏一族外, 系皆原免", 就是只准杀金朝的皇族, 这使汴京军民免遭了一场空前的浩劫。当时在汴京避兵的有一百四十七万户, 楚材又奏准挑选其中的"工匠、儒、释、道、医、卜之流", 让他们散居河北各地, 由官方给予赡养。蒙古对待汴京的这种宽大措施, 在以后攻取淮河、汉水流域各个城市时, 也得到沿用, 成了定例。

此外, 当时蒙古方面在河南一带俘

获了许多人，俘虏后逃亡的现象很普遍。为此，窝阔台颁发禁令："凡是让逃民居住及给予资助的人，都是死罪，一家犯禁，余并连坐。"这一恐怖政策使得当时人心惶惶，虽然是父子兄弟，一旦遭到俘获，亦不敢相认。于是人们不敢再收容，逃民们纷纷在路途上饿死。还是耶律楚材站出来说话，他向大汗进言："河南已经平定，百姓能走到哪里去呢？何必因为一个俘囚而连累数十百人的生命！"窝阔台又被他说服了，下诏解除了禁令。

　　此外，值得一提的是在癸巳年（1233
年）元好问给耶律楚材的一封信。在金
国最后灭亡的前夕，汴梁城里聚集了很
多儒生，其中不乏当世的人才。金亡后
士大夫何去何从呢？蒙古军队刚占领汴
京，蒙古太宗五年（1233 年）四月二十二
日，元好问就给耶律楚材写了一封信。
在这封信中呼吁耶律楚材保护中原儒士，
他特别开列了五十四个士大夫的名单，
指出这些人都是"民之秀而有用于世者"。

　　楚材看完元好问的信，感到他和自
己的想法一致。耶律楚材早已认识到保
护这些人才的重要意义。在汴京攻下
之前，已派人入城去争取孔子五十一世
孙元措以及名儒梁涉等人。事实上，这

五十四人中，后来确有一部分人协助耶律楚材在政治、经济、文化各方面做了不少事情。对他们的保护，为以后元朝初年的文治大兴奠定了坚实基础。

（三）对中原的贡献

蒙古太宗六年（1234 年）正月，蒙古与南宋的军队联合攻破蔡州，金朝灭亡了。灭金以后，耶律楚材认为，蒙古国现在出现了一个历史的转折，可以"行仁义"，以儒治国了。

耶律楚材以儒治国的方案是什么呢？这在他写的《西游录》中，已经借

"客"之口表达了一个大纲，就是：定制度、议礼乐、立宗庙、建宫室、创学校、设科举、拔隐逸、访遗者、举贤良、求方正、劝农桑、抑游惰、省刑罚、薄赋敛、尚名节、斥纵横、去冗员、黜酷吏、崇孝悌、赈困穷。当时，大汗窝阔台对楚材确实是赞赏和器重的，所以他的方案有一部分得到了实施。他甚至可以参议汗廷的军国大事（非蒙古人一般不能参与），并发挥重要的作用。1235 年春天，和林的万安宫落成，这是矗立在蒙古高原中央的十座汉式宫殿。窝阔台在这里大会诸

王、群臣，亲自向耶律楚材赐酒。窝阔台说："我遵从先帝之命任用了你，对你报诚相待。没有你，也不会有今日的天下。我现在可以高枕无忧，就是得力于你。"

中国历代王朝都注意户口的调查和编籍。在封建时代，户籍是行政区划和政治实施的基础，也是国家对百姓进行人身控制和赋役征派的依据。为了增加国赋，就必须掌握中原汉地的民户数目。因此，窝阔台进行了大规模的籍户。元太宗五年（1233年），窝阔台"以阿同葛等充宣差勘事官，括中州户，得户七十三万余"（《元史·太宗纪》）。这是蒙古汗廷首次在华北地区进行户口调查，这次括户实际上很不彻底。蒙古国于1234年灭金后，很快便在"汉地"（原金朝统治的地区）进行户口登记。窝阔台发布圣旨："不论达达、契丹、女真、汉儿人等，如是军前掳到人口，在家住坐做驱口；因而在外住坐，于随处附籍，

便系是皇帝民户，应当随处差发，主人见，更不得识认。如是主要识认者，断按答奚罪戾。"这次户口登记主要是在乙未年太宗七年（1235年）进行的，元代文献中常称之为"乙未括户"。依据窝阔台下诏括编户籍，指定由当时担任中州断事官的失吉忽秃忽负责；在这次括户期间，对于以丁，还是以户来编定户籍，曾在蒙古宫廷展开非常激烈的争论。在括户的方法问题上，朝臣们都主张依照蒙古和西域的成法，以丁为户，按丁定赋。但是耶律楚材说："自古以来，据有中原的人，未尝以丁为户。如果非要这样做不可，人们可以输供一年的赋税，接着就逃亡离散了。"耶律楚材几经争取，才最终使蒙古政权采取了中原传统的以户为标准进行编户的方法。

蒙古太宗八年（1236年），失吉忽秃忽在中原完成户口的括编，共一百一十一万余户，人口一千二百余万。

现在失吉忽秃忽建议，对这次括编的户籍，仍然根据蒙古制度，割裂州县，分封给诸王、勋臣。耶律楚材劝阻说："这样的裂土分民，容易出现问题。对于诸王、勋臣，不如多给金帛，作为皇帝的恩赐。"窝阔台说："我已经准许分封了。"通过这次括户，蒙古宗王、大臣和各族权贵的大量驱口（原意为"被俘获驱使的人"，指被逼为奴的战俘和百姓）和私属人口，都编入了国家户籍。这就扭转了在蒙古发展的过程中，大量劳动人口沦为驱口和私属人口的社会倒退趋势，使这些劳动人口重又获得了户民的身份。这次编籍的方法，也成为以后元朝历次编籍的范式。

窝阔台在乙未括户后，为了稳固自己的统治，也按照"各分地图、共享富贵"原则，开始在诸王、贵族、功臣之间对汉地民户进行分封。这次分封的民户达七十六万七百五十一户。按当时所括户口一百一十万计算，封户的比例占百分之七十以上。其余民户，则作为蒙古"黄金氏族"的共有财产，直接隶属于大汗政府管辖。因为这年是丙申年，故称丙申分封。分封最初，窝阔台汗曾考虑过实行裂土分民的办法，但遭到了耶律楚材的极力反对。另外，需要指出的是，耶律楚材作为大蒙古国的"勋臣"，也得到了自己的民户。

中国是世界上最早发行纸币的国家。最早的纸币是北宋（960—1127年）时期的"交子"。金朝仿宋交会之法，发行交钞通行全国。到蒙古入主中原后，太宗八年（1236年），有一个叫于元的汉人，上奏大汗，请求仿照金朝行用交钞的事。耶律楚材并不反对行用纸币，但认为要注意纸币的发行量，否则会造成严重的通货膨胀，以至于万贯钞才能买一张饼，结果使民力困竭，国用匮乏。耶律楚材建议印造交钞以不要超过万锭（每锭银

为五十两）为宜。得到窝阔台的允准。

蒙古国由于疆域辽阔，驿传的重要性也显现了出来。窝阔台在蒙古国境内建立了驿站制度；大约每隔六七十里设一个驿站，每个驿站由千户抽出站户、驿马和马夫。但驿站制度建立后不久，就出现了一系列的弊端。蒙古贵族及使臣往往不遵守规定，任意增乘驿马、多拿食物，从而造成站户不堪重负。无论是在城里，还是在道途，他们所到之处，往往引起骚动。耶律楚材奏准发给诸王、贵戚牌札，凭牌札才能使用驿站；并制定了"饮食分例"，不许使臣超出规定索要供给。蒙古太宗九年（1237年），耶律楚材基本革除了贵族滥用驿站的弊病。

此外，耶律楚材在文化教育和选拔人才方面，也有许多重要措施。由于战乱，中原文化受到摧残。战乱平息之后，重新恢复儒学的地位，成为首要的任务。而其中一项重要措施，就是恢复重建

孔庙。耶律楚材认为恢复孔庙是重新确立儒学地位的基础，也是每一位儒士的责任。在耶律楚材的倡导与努力下，北方其他地区的孔庙也逐渐开始恢复与重建。1232 年，耶律楚材奏请将前金衍圣公孔元措从汴京城索要出来，安置在曲阜，专门奉祭孔庙。之后在耶律楚材等人的提议下，蒙古政权在 1233 年冬天与 1236 年，两次敕修曲阜孔庙。乙未括户后，衍圣公府孔庙的特权得到了保护。在恢复尊孔的同时，耶律楚材又于 1236 年奏请窝阔台汗批准，在燕京、平阳两地设立编集经史的机构，在燕京设编修所，

在平阳建立经籍所，以编集、保存经史，可令梁陟充长官，王万庆、赵著副之。当时亡金士大夫中的有用人才，有的进入蒙古政府机构，有的参加这两个所的工作。耶律楚材又支持杨惟中与姚枢，在燕京建立太极书院，招收有志研习儒学的人，由赵复、砚弥坚讲授，以兴文教。书院也向蒙古王子和高官子弟讲授儒家经典，就使这种汉文化教育深入了一大步。随着儒学地位的提高，南宋的理学思想也开始在中原地区传播。中国历代封建王朝，特别重视儒士在治理国家方面的作用，并以科举考试作为选拔人才的途径。为了从根本上解决任用儒士的问题，蒙古太宗九年（1237 年）的一天，楚材上奏说："制造器物的人一定用良工，守成的人一定用儒臣。儒臣的事业没有几十年的功夫，是不会轻易成功的。"耶律楚材进一步提议，要对儒士进行考试，获得允准。于是，命令宣德

州宣课使刘中主持，让儒士们在各地应试经义、词赋。太宗九年（1237年）考试的结果，有四千零三十人中试，其中千人原是驱口，应试后作为儒士获得了自由。耶律楚材让他们担任本地的议事官，对其中有才能的更予以重用，这件事在当时影响很大。这次考试举行的时间在戊戌年，故而这次考试也被称为"戊戌试"。当耶律楚材的治国方案步步得到施行的时候，太宗九年（1237年），他上过一份重要的奏议，再次向窝阔台大汗奏时务十策：一曰信赏罚，二曰正名分，三曰给俸禄，四曰封功臣，五曰考殿最，六曰定物力，七曰选工匠，八曰务农桑，九曰定土贡，十曰置水运。对于他的"十策"，窝阔台有所择用，并没有全部采纳。而且，由于楚材的治国措施损害了上层权贵和西域商人的利益，他面临着守旧势力的反对和攻击。

耶律楚材是13世纪中国的一位大政

治家。在窝阔台时期，他积极实施"以儒治国"的方案，力主让新兴蒙古贵族采用汉族传统思想和制度治理中原。窝阔台也有不少治理蒙古国的业绩，他做了以下四件事：第一，征服了金国；第二，设立了"站赤"（驿站），以便利使臣往来和搬运物品；第三，在没有水的地方掘井，使百姓获得丰美的水草；第四，在各城池设置探马赤军（从各族各部抽丁组成的军队）镇守，使百姓平安居住。除了这四件事，还有一些重要的事，如定牧区赋税制度，再次进行西征等等。在这些事上，没有看出耶律楚材起到特别的作用。耶律楚材在窝阔台时期的主要功绩，是在辅佐大汗治理汉地方面。在采用汉法治理汉地这件大事上，耶律楚材实行的制度和措施，比木华黎时期大大向前推进了一步，而且实际上为后来忽必烈建立元王朝奠定了基础。

窝阔台大汗统治时期，他的主要目

的，只是确保蒙古国的财政收入，他意识不到"以儒治国"的社会历史意义。而耶律楚材则不同，"以儒治国"，用中原文明去影响和改变蒙古国的社会政治制度和治国方法，是他的志向和抱负。他在一种特殊的艰难环境中推行汉法，做了不少影响深远的事。但是，他感到这只是实施志向的开始，他原来想要推行的计划比这还要宏大得多。尽管如此，他已经以自己积极的行动，促使蒙古国居庸关内外的地区联系在一起了。

（四）与守旧势力的斗争

耶律楚材在担任中书令以后，逐步采用汉族以儒教为中心的传统思想和制度来治理中原，使蒙古出现和平的盛世局面，使当时先进的中原封建农业文明得以保存下来并继续发展。

耶律楚材实施以儒治国，触犯了蒙古国统治阶层中某些人的权力和利益。耶律楚材加强中央集权的措施，企图削弱地方权贵的势力，自然受到权贵们的反对和抵制。不过，就大多数汉人世侯

来说，在以儒治国的大政上，还是与耶律楚材一致的，但在利、权方面与耶律楚材有一定的矛盾。因此，这双方的关系不是很紧张。另一方面，耶律楚材同蒙古贵族中守旧势力以及西域商人势力的矛盾，就显得激烈而尖锐，这就是所谓"国俗"与"汉法"的矛盾。这是中国历史发展进程中，出现的一种深刻的社会矛盾。楚材步步推行自己以儒治国的方案，处于守旧势力的不断攻击之中。

灭金以后，随着耶律楚材方案的逐步推行，守旧势力的反对活动更是层出

不穷。蒙古太宗九年（1237年）发生了
几件事：耶律楚材限制高利贷的措施，
引起了西域商人的强烈不满。当时人们
常把西域商人称作"斡脱"，他们多半代
蒙古贵族经商、放高利贷；因而彼此有
密切的利益关系。西域商人成了蒙古贵
族守旧派反对耶律楚材的重要力量。他
们尤其常以扑买（承包）来破坏耶律楚
材施行的赋税制度。所谓扑买，就是由
某人先行支付高出某种税额的银两，以
取得此种税的征收专利权。这样，扑买
的人在征税时必然要大量加征，以获取
收益。有的汉族大商人也参与这种扑买
活动。到蒙古太宗十年（1238年），扑买
十分活跃。刘庭玉以银五万两扑买燕京
酒课，一个回鹘商人以银一百万两扑买
天下盐课；甚至有人扑买天下河泊、桥梁、
渡口。耶律楚材意识到，如果不坚决制
止这种大规模的扑买，那么对百姓的危
害就太严重了。如果扑买盛行，那么他

所制定的赋税制度就会遭到破坏。他大声疾呼：扑买危害太大了。他竭力上奏使这些扑买停罢。他说："兴一利不若除一害，生一事不若减一事。"这是班超说过的话，耶律楚材说的这些话，窝阔台却没有采纳。

蒙古太宗十二年（1240 年）正月，大汗正式任命奥都剌合蛮为提领诸路课税所宫。楚材看到自己阻止不了这样的扑买，叹息说："靠扑买取利的风气既然可以流行，那就一定会有其他坏事接踵而来。人民从此要遭受穷困了！"上述

事件发生以后耶律楚材实际上已不能真正主持朝政了。但是，耶律楚材仍然坚持己见，"正色立朝，不为少屈"，他准备"以身殉天下"。每当陈述的政事与国家的利害休戚相关时，他总是"辞气恳切，孜孜不已"。面对这种场合，窝阔台就说："你又要为百姓哭泣吗？"对楚材个人，大汗始终是很看重的。然而，守旧势力太大了，楚材已感到筋疲力尽。

蒙古太宗十三年（1241 年）二月，窝阔台大汗病重，脉搏十分微弱。皇后脱列哥那不知所措，召见耶律楚材，问他有什么救治的办法。耶律楚材说："现在朝廷用人不当；天下囚犯被冤枉的人很多，所以屡屡见到异常的天象。应当大赦天下。"耶律楚材的话刚说完，脱列哥那就说："照你说的去做。"耶律楚材表示，一定要由君主下诏书，才能大赦。等到窝阔台苏醒，皇后把耶律楚材的意思告诉他。大汗已不能说话，点了点头。

大赦的诏书发了出去，窝阔台的病情开始有了好转。到了这年冬天，窝阔台已经基本康复，有一段时间不用药了。耶律楚材进行了一次星象推数，然后上奏劝窝阔台不宜出去打猎。大汗左右的人都说，倘若不能骑马打猎，活着还有什么乐趣呢？窝阔台没有听从耶律楚材的劝告，仍旧出去打猎，过了五天就去世了。由于窝阔台生前最疼爱的儿子阔出早死，所以窝阔台曾留下遗嘱，以阔出的儿子失烈门作为他的继承人。而在大汗正式推举出来之前，按照蒙古草原旧俗，先由皇后脱列哥那摄政。

窝阔台去世后，皇后脱列哥那称制。她是乃蛮人，汉文史籍中也称她为乃马真氏。隔了一年，蒙古乃马真后二年（1243年），脱列哥那问楚材对于君位继承问题有什么意见。楚材说："这不是外姓臣僚应该议论的事。现在有先帝的遗诏在，只要遵循遗诏办事，国家就好了。"先帝的遗嘱，是要由皇孙失烈门嗣位。但是，脱列哥那另有打算，她决意让儿子贵由继承汗位。所以，楚材虽说不能议论君位继承问题，实际上却是使脱列哥那碰了个钉子。这年五月出现"荧惑犯房"的天象，脱列哥那借此企图使汗廷西迁。楚材上奏说："朝廷是天下根本，根本一摇，天下将乱。我已观察天道，不会发生祸患。"于是阻止了西迁。在西迁汗廷这件事上，实际上反映了蒙古国上层人物中，同意或是反对接近汉文明的两种

意向。这时候，奥都剌合蛮已经掌握了朝政。其他大臣纷纷阿附奥都剌合蛮，唯独耶律楚材不加理会。奥都剌合蛮怕楚材阻挠自己的政事，贿赂了五万两银子给他。楚材拒不接受，只要是他认为对百姓不利的事，便一概出来制止。楚材表示："军国大事，先帝都委付给我了，与令史没有关系。事情处理得合理，自

然要遵行。倘若不合理，死都不避，又何况断手呢？"他提高了声音，严厉地说："我为成吉思汗、窝阔台汗办事三十余年，没有辜负国家的地方。我没有罪，皇后也不能杀我！"脱列哥那闻知，心里十分恼恨，但也顾忌楚材是"先朝勋旧"，不敢加罪。楚材与摄政皇后发生如此尖锐的冲突，他的心情自然也是极不痛快的。正在这个时候，他的夫人苏氏去世了，受到一次沉重的打击，他的晚景越来越凄凉了。

耶律楚材在成吉思汗、窝阔台汗时期任事近三十年，多有襄助之功。后脱列哥那即位时，因屡弹劾皇后宠信之奥都剌合蛮，渐被排挤。1244年5月14日，耶律楚材悲愤而死。"砥柱中流断，藏舟半夜移"，消息传出，倾国悲哀，许多蒙古人都哭了，如同丧失了自己的亲人。汉族士大夫更是流着眼泪凭吊这位功勋卓著的契丹政治家、他们的良师益友。蒙古国数日内不闻乐声。正如其同时代人暮之谦在《中书耶律公挽词》中所言：

忽报台星折，

仍结薤露新，

斯民感无极，

洒泪叫苍旻。

意思是：巨星忽然殒落，挽歌又阵
阵传来，人们洒泪呼叫苍天，感到无限
悲哀。

他是一位既有重大功绩，又具高尚
风貌的政治家。这在中国漫长的封建社

会历史中，并不多见。楚材死后，蒙古国又过了动荡的十几年，他以儒治国的事业，才由忽必烈汗及其周围的儒臣们继承下来，并大大向前推进。正是在这样的历史发展过程中，中国才首次出现了由北方游牧民族贵族建立的君临全国的元王朝。

楚材的卓越功绩，数百年来一直受到有识之士的赞赏和表彰。为他撰写神道碑的元人宋子贞，说他是："自任以天下之重，屹然如砥柱之在中流；用能道济生灵，视千古为无愧者也。"明代《野

获编》的作者沈德符写道："耶律楚材大
有造于中国，功德塞天地。"近时我国
有两位著名的史学家为楚材撰写了年谱。
张相文在《湛然居士年谱》中评论说："晋
卿公犹能于中原陆沉之会，以佛心儒术，
挽回杀运，亦所捐明德之后必有达人者
驮。"王国维做完《耶律文正公年诺》，
写了余记，论述了楚材的生平事迹和功
绩；在国外，也有不少论述耶律楚材的
著作和文章。当代著名蒙元史专家罗依
果，精辟地称他为佛教的思想家和儒教
的政治家，这是极高的评价。

六、多才多艺的廉吏

（一）刚直不阿，廉洁自律

耶律楚材为官一生两袖清风，在做人方面更是堪称千古楷模。成吉思汗率兵攻打西夏，西夏被蒙古军队打败了。西夏国的奇珍异宝自然就没人管了，蒙古的将领们纷纷进城抢夺金玉财宝，生怕自己抢不着。耶律楚材丝毫不为钱财所动，却仔细搜集、保存了许多文献资料，在别人眼里没人要的破烂，他却如获至宝。他还让人把西夏国的药材收集起来，别人觉得很奇怪，问他："难道你要去做药材生意吗？"耶律楚材笑而不答。后来蒙古军队中疫病流行，夺走了许多人的性命。这时，耶律楚材就把平日里收集的药材拿出来，这些药材救活了好几万人。1227年，他奉命到燕京整顿秩序。当时京畿之内，许多权势人家的子弟非常嚣张，目无法纪。一到黄昏，一些贵族子弟便出来结伙抢劫，行凶杀人。别的官员都敢怒不敢言，百姓们更是人心惶惶。耶律楚材却不徇私枉法，不畏强暴，

不为利益所动，秉公而断，公开斩了16名这类罪犯，为百姓除了大害。从此以后，为所欲为、为非作歹的贵族子弟就少多了。

元太宗九年初，杨惟中在江陵偶然发现耶律楚材的兄长耶律辩才、耶律善才及家人二十多口。他们与耶律楚材失散二十三年。杨惟中发现耶律楚材的兄长及家人非常高兴，想借此机会接近耶律楚材，好被提拔为中书左丞相。为此，一路上他对耶律楚材的兄长及家人精心照顾和安排，还投其所好，为耶律楚材在中原买了两把名贵阮琴。他没想到的是，耶律楚材会把两位兄长及其家人打发去了燕京，与他关系依旧不远不近。为了进一步讨好耶律楚材，杨惟中向元太宗举荐耶律楚材的两个侄儿担任必阇赤，耶律楚材马上说："微臣以为不可！"元太宗问："是他们的才能不行？"耶律楚材说："以二人之才，刚好胜任。但微臣为中书令，必阇赤为中书省当官，未免有任亲之嫌。"元太宗说："那就在州县为官。"耶律楚材说："不可！"元太宗问为什么。耶律楚材说："害怕二人以我为靠山，做出违背《大札撒》的事情，辜负您的大恩。"元太宗点了点头："如果所有官吏都不徇私情，天下就不难治理了。吾图撒合里能够这样做，实在太难得！"

耶律楚材受过正统的儒家教育，是一个刚正不阿的贤臣，遇到太宗有过错，他总是或婉转或直率地进行劝谏。有一次，耶律楚材依法逮捕了太宗宠信的杨

惟中。太宗知道后，大发雷霆，让人把耶律楚材给捆了起来，打算治罪。可是过了一会儿，太宗气消了，就开始后悔。于是，他就让人给耶律楚材松绑。可是倔强的耶律楚材却不肯，他义正词严地对太宗说："我是朝廷大臣，陛下把朝政都托付给我了。今天陛下命人把我捆起来，想必是因为我犯了大罪。可是现在又无缘无故地要给我松绑，那么说我是无罪的。陛下出尔反尔，对待大臣像对待孩童一样，这怎么能行呢？陛下让我名声扫地，以后我还怎么处理国家大事呢？我到底有罪没罪，请陛下当众说个明白。"大臣们听了他的话，都暗暗为他担心，唯恐惹恼了太宗，惹来杀身之祸。谁知道，太宗听了他的话，却很惭愧，说道："我虽然是皇帝，难道就没有做错事的时候吗？"然后好言安慰耶律楚材，向他赔礼道歉。

灭金以后的几年内，经过耶律楚材

等人的治理，蒙古国境内社会秩序比较安定，农牧业、手工业得到恢复。此时窝阔台已经怠于政事。他向来嗜好饮酒，到了晚年喝得更凶，每天都同大臣们喝得酩酊大醉。作为老臣，楚材几次劝谏，窝阔台都不听。有一次，楚材拿着盛酒糟的金属器皿对窝阔台说："这铁受到酒的腐蚀，尚且坏到这种地步，人的五脏能不受酒的损害吗？"窝阔台知道楚材确实是关心他的健康，很高兴，便赐给耶律楚材金帛，还要左右侍者每天只进酒三盅。但是实际上，他仍戒不掉酗酒的嗜好。

　　耶律楚材辅佐成吉思汗、窝阔台治理国家近三十年，受到了两位蒙古可汗的重用。窝阔台去世之后，耶律楚材得不到重用，受到了其他官员的排挤，于1244年5月14日悲愤而死。他病死后，有些不满耶律楚材的人，故意诬告他，说在他做中书令时，天下贡献的赋税大半之数被他贪污了。皇后派近臣麻里扎去调查。他们将耶律楚材的家翻个遍，没有发现什么金银财宝，只发现耶律楚材平日里喜欢的几样东西，别无所有，这使诬告他的官员们无话可说。而他人的诬告，恰恰证明了耶律楚材是一位廉洁、正直的清官。

（二）多才多艺

　　耶律楚材不仅是一位杰出的政治家，而且多才多艺，是一个在文化艺术方面有深厚学养和重要贡献的人。

在天文历法方面，耶律楚材从小受家庭的熏陶，对中国传统的天文历法很有研究，其父耶律履制定的《乙未元历》在当时的金朝虽未能得到颁布，但对耶律楚材的影响却很大。成吉思汗十五年时，西域的历官说五月十五将出现月食，耶律楚材说不会，果真那时没有出现。次年十月，耶律楚材说将有月食，西域人说不会有，可到时真的出现了月食，可见历法不准。这时，他以自己的律历知识主持修订了原有的金朝《大明历》，编有《西征庚午元历》。并提出了"里差"的概念。他根据这个"里差"概念来修改历法。"里差"其实就是我们现在所说的经度。他是我国提出经度概念的第一人。从此大蒙古国有了自己的历法。对军事、生产、生活等各方面都有很大的益处。

在文学、诗歌方面，自古以来，吟诗是中国士大夫的传统。耶律楚材自幼

接受汉文化教育,酷爱诗歌。他喜欢杜甫、白居易和陆游的诗作,常在他们的诗句中求取精神的滋养和寄托。他本人写过不少诗,存世的《湛然居士文集》十四卷,文章并不多,而其中大半是诗作。

耶律楚材好多诗文都是他在戎马倥偬、政事纷纭之际写下的。其诗作除以描写西域和北方自然景物、民俗风情居多外,也有反映其家世和思亲、思故乃至怀古的诗。他跟从成吉思汗西征,使自己的眼界大为开扩,边疆塞外的风土人情、山川景物给了他许多诗意,使他写下了一些情趣独具的诗篇。耶律楚材描写边疆人民生活的诗以《西域河中十咏》最为人称道。他就亲身见闻感受写就诗篇，笔触清新，轻松优美，使一幅幅少数民族的生活画面展现在人们的面前："葡萄垂马乳，杷榄灿牛酥。酿酒无输课，耕田不纳租。"他对边疆人民生活的困苦也十分关注，这在他的《赠东平主事王玉》《送燕京高庆民行》《送德润南行》等诗中都有所流露。此外，他从征西域，回来后所著《西游录》，分上、下两部分，其上部以流畅自然的文笔，描绘出西域各地民俗特色，较生动地反映了当时西域风土人情，颇为可观。他的怀古长篇叙事诗《怀古一百韵寄张敏之》，更是一首名篇。诗中的"千古兴亡事，胜负一秤棋。感恨空兴叹，悲吟乃赋诗"表达了诗人的历史观。综观耶律楚材的诗作，最突出的特点，是不加雕琢、淳朴自然、功力深厚，当然其中也不乏激昂慷慨气象宏大之作。与苏轼诗有异曲

同工之妙，对后人有较深的影响。

古琴是中国历史悠久、最具民族精神的传统乐器。几千年来一直是中国文人修身养性的工具和完美人格的体现载体。在元代文人中，精于琴的当推耶律楚材。耶律楚材早年生长在文化氛围浓厚的官宦之家，"幼学书画同游戏，静阅琴棋相对闲"。成年后，他愈发喜爱古琴艺术，自称有"琴癖"。耶律楚材对于名琴也颇为珍视，其家产中就有"唯名琴数张，金石遗文数百卷而已"。据《困学斋名录》"京师名琴"条的记载，耶律楚材流存下来的名琴主要有春雷、玉振、不出户、石上流泉、寒玉等。在古琴艺术上，耶律楚材主要受弥大用和苗秀实（号栖岩老人）两位著名琴家的影响。起先他是检读旧谱自学，也会弹数十曲。后来见到了琴士弥大用，向大用学习指法，技艺大有提高。还在金朝做官时候，他就常向当时第一琴手苗秀实请教，"商

権妙意，然后弹之"。邀请栖岩老人商讨琴事的人多极了，老人每天忙于应酬，楚材得不到与老人"对指传声"的机会，以为这是一桩终身憾事。后来，蒙古军队围攻汴京时，耶律楚材奏请汗廷把这位当世第一琴手请了出来。老人行至范阳去世，他的儿子苗兰把遗谱送给了楚材。这遗谱共有四十余首曲子，楚材按谱弹琴，果然都是妙音绝声。他爱不释手，把这些曲谱重抄了一遍以便传世，并在蒙古太宗四年（1232 年）中秋节过后两天，写下了《苗秀实琴谱序》。

耶律楚材曾研习过大量琴曲，尤其是《水仙》一谱。《水仙》是他师从弥大用时学会的，十分喜爱。又弹《秋宵步月》《秋夜步月》《秋思》，他也擅长弹《离骚》。"一曲《离骚》一碗茶，个中真味更何加，香销烛尽弯庐冷，星斗阑干山月斜。"耶律楚材的琴技非常高超，并能领悟到其中的真谛。在长期的古琴演奏实践中，

　　耶律楚材也逐渐形成了自己的琴论思想。耶律楚材认为，弹奏古琴所追求的最高境界应当是平易自然，提倡古雅，反对俗艳。弹奏古琴还是修养身心的一条途径。常人都有喜怒哀乐，而此时弹奏古琴则可以排解自身忧愁。

　　还有他的书法艺术，他继承了唐宋颜真卿、黄庭坚书风，以端严刚劲著称。明人宋濂说："耶律文正晚年所作字画尤劲健，如铸铁所成，刚毅之气，至老不衰。"代表作品为《自书诗翰》（行楷书），笔力遒劲，气宇轩昂，不拘于一点一画的繁缛，呈现漠北泼辣雄劲之气。

　　元世祖中统二年（1261 年），忽必烈遵从耶律楚材的遗愿，将他的遗骸移葬于故乡玉泉以东的瓮山，即今北京颐和园的万寿山。至顺元年（1330 年），元文宗图帖睦尔下诏，追赠耶律楚材为"经国议制寅亮佐运功臣、太师、上柱国"，追封广宁王，谥号文正，同时还追封苏子君为漆水国夫人。建墓地立有祠堂，墓前刻有楚材与夫人的石像。明代弘治年间（1488—1505 年），祠堂已颓废，但

石像还在。万历年间（1673—1619 年），
这座墓被人掘开，人们发现死者的头
颅大于常人。有一个传说：明天启七年
（1627 年）的一个夏夜，成千上万个萤
火虫在石像头上盘旋，当地老姓说那光
是石像的眼光，害怕是什么灾异，等到
天亮便把石像推倒击碎了。但也有人说，
直到崇帧年间（1628—1644 年），楚材及
其夫人的石像依旧矗立着。

　　清代乾隆十五年（1750 年），朝廷
决定兴建清漪园（颐和园前身），园址就
选在耶律楚材墓所在地一带。鉴于耶律
楚材的历史功绩，乾隆皇帝不但没有下
令迁坟或者平墓，还特意下诏重修祠宇，
并且亲自作了《耶律楚材墓诗及序》。这
就是现存于北京颐和园内的耶律楚材墓、
祠与墓碑。